AF603057

Collection de Monsieur C. T.

CHINE

Mes C. H. Dubourg et Lair-Dubreuil

M. André Portier

Collection de Monsieur C. T.

CHINE

Mes C. H. Dubourg et Lair-Dubreuil

M. André Portier

Collection de Monsieur C. T.

Porcelaines de Chine

des Epoques

Ming, Kanghy, Youngching, Kienlong

etc., etc.

Pierres dures

Jades blancs et verts, Jades de fouille

EMAUX CLOISONNÉS & ÉMAUX PEINTS

Ivoires

Verres, Laques et Bois, Bronzes

Etoffes

Dont la vente aura lieu à l'HOTEL DROUOT, Salle n° 7

Le LUNDI 16 et MARDI 17 DÉCEMBRE 1912

à 2 heures

COMMISSAIRES PRISEURS :

Mᵉ C. H. DUBOURG — 8, RUE D'ALGER

Mᵉ LAIR-DUBREUIL — 6, RUE FAVART

EXPERT

M. André PORTIER

24, RUE CHAUCHAT

chez lesquels se distribue le présent catalogue

Exposition Publique

à L'HOTEL DROUOT, Salle n° 7

Le DIMANCHE 15 DÉCEMBRE 1912, de 2 h. à 6 heures

CONDITIONS DE LA VENTE

Elle sera faite expressément au comptant.

Les acquéreurs paieront 10 pour 100 en sus des enchères.

L'exposition mettant les amateurs à même de se rendre compte de l'état et de la nature des objets, il ne sera admis aucune réclamation, une fois l'adjudication prononcée.

L'expert sera présent à l'Exposition publique et se tiendra à la disposition de MM. les Amateurs qui auraient des renseignements à lui demander ou des ordres d'achat à lui confier.

PORCELAINES

ÉPOQUE SOUNG

1. — Une bouteille en poterie, partiellement vernissée, décorée en relief de personnages et d'ornements.

Haut. 0 m. 30

2. — Petit encrier, blanc de Chine.

ÉPOQUE MING — 1368-1620

3. — Une potiche trois couleurs Ming, décor oiseaux et fleurs.

Haut. 0 m. 33

4. — Une paire de potiches cinq couleurs Ming, décor dragons et nuages, au-dessus des flots.

Haut. 0 m. 32

5. — Potiche trois couleurs Ming, décor chimères et fleurs.

Haut. 0 m. 30

6. — Potiche trois couleurs Ming, décorée de personnages sur une terrasse.

Haut. 0 m. 30

7. — Grande bouteille trois couleurs Ming, le col coupé, décorée de jeunes femmes se promenant sur une terrasse abritée par les pins.

Haut. 0 m 40

8. — Vase en forme de bouteille, décoré en trois couleurs Ming, de femmes et d'enfants jouant.
Haut. 0 m. 42

9. — Joli vase cornet, cinq couleurs Ming, décoré de fleurs et de palmettes.
Haut. 0 m. 37

10. — Vase cornet, trois couleurs Ming, à décor de personnages et de fruits du Fan-tao.
Haut. 0 m. 39

11. — Cache-pot cylindrique, trois couleurs Ming, à décor de dragons dans les nuages.
Diam. 0 m. 21

12. — Petite potiche, trois couleurs, à décor de chimères dans les fleurs.
Haut. 0 m. 18

13. — Petit vase cornet, de forme tubulaire, à décor fleuri.
Haut. 0 m. 20

14. — Deux magots, trois couleurs Ming, portant des vases fleuris et accompagnés de petits serviteurs.
Haut. 0 m. 28

15. — Petit pot couvert, à décor de dragons dans les fleurs. Emaux bruns et verts.
Signé : Ming Kee-tsing (1522-1567) Haut. 0 m. 14

16. — Un petit vase de forme quadrilatérale, émaillé bleu foncé et turquoise.
Haut. 0 m. 28

17. Un grand brûle-parfums tripode, couverte turquoise.
Diam. 0 m. 35

18. — Un écran, trois couleurs Ming, décor fleurs et oiseaux.
Diam. 0 m. 33 × 0 m. 25

19. — Une bouteille, couverte bleu foncé.
Haut. 0 m. 21

ÉPOQUE KANGHY — 1661-1722

20. — Très jolie paire de potiches, décorée sur la panse d'un riche motif de paons dans les massifs fleuris. Au col, une zone de motifs fantaisies encadrant les huit symboles bouddhiques.
Haut. 0 m. 34

21. — Grande potiche, décorée d'un couple de phénix s'ébattant au milieu de larges massifs fleuris.
Très belle pièce — Haut. 0 m. 50

22. — Potiche bleue et blanc à décor de fleurs de pêchers et de caractères du bonheur.
Haut. 0 m. 35

23. — Vase cornet, bleu fouetté, à décor or de jolis paysages maritimes.
Haut. 0 m. 45

24. — Vase cornet, à décor de chevaux s'ébrouant au milieu des rochers.
Haut. 0 m. 43

25. — Pitong cylindrique, décor bleu et blanc, à personnages.
Haut. 0 m. 21

26. — Vase cornet à couverte bleu fouetté.
Haut. 0 m. 45

27. — Bouteille de forme évasée, à couverte aubergine.
Haut. 0 m. 35

28. — Verseuse à eau, en forme de pêche Fan-tao enfeuillagée. Emaux bleus et aubergines.
Haut. 0 m. 15

29. — Petite potiche bleu et blanc, à décor de fleurs de pêchers.
Haut. 0 m. 25

30. — Drageoir complet, en émaux verts, à décor de chevaux.
Diam. 0 m. 15

31. — Jolie coupe en blanc de Chine.

32. — Petite coupe trépied, imitant une feuille de lotus, dans laquelle s'est réfugié un petit poisson. Emaux verts.
Diam. 0 m. 11

33. — Deux cerfs, émaillés jaune et vert.
Haut. 0 m. 22

34. — Très beau vase rouleau, décoré en réserve sur un fond de feuillages stylisés très serrés de médaillons fleuris d'une grande finesse.
Haut. 0 m. 45

35. — Une paire de pitong, ajouré, de forme quadrilatérale, à émaux verts et jaunes.
Attribué à Kanghey — Haut. 0 m. 12

36. — Petit ornement en forme de barque.

ÉPOQUE YOUNGCHING — 1723-1736

37. — Jolie paire de potiches décorées, en émaux verts et rouges, de chimères au milieu des fleurs et de feuillages stylisés.
Haut. 0 m. 43

38. Paire de potiches finement décorées au trait de personnages divers et d'animaux.
Haut. 0 m, 46

39. — Vase cornet, le col coupé, à décor de guerriers.
Haut. 0 m. 41

40. — Vase, la panse arrondie, décoré de personnages et d'enfants.
Haut. 0 m. 39

41. — Pot couvert en forme de boule, décoré d'enfants.
Haut. 0 m. 10

42. — Vase cornet, à décor de guerriers et d'attributs.
Haut. 0 m. 45

43. — Vase cornet, le col coupé, décoré de personnages sous un pin.
Haut. 0 m. 21

44. — Deux petites bouteilles, à décor de personnages, de fleurs et d'oiseaux.
Haut. 0 m. 18

45. — Deux vases formant paire, la panse quadrilatérale, décorés en relief de diagrammes en émaux bleus, verts et rouges.
Haut. 0 m. 17

ÉPOQUE KIENLONG — 1736-1795

46. — Grande potiche couverte, décorée sur fond blanc de chrysanthèmes stylisées en émaux bleus.
Haut. 0 m. 60

47. — Vase cornet, à décor polychrome, d'oiseaux dans les fleurs.
Haut. 0 m. 45

48. — Une paire de pots couverts en porcelaine blanche décorée en bleu de paysages maritimes.
Haut. 0 m. 25

49. — Une potiche, décorée en émaux polychromes de phénix au milieu des fleurs.

Haut. 0 m. 35

50. — Une bouteille à large panse en porcelaine céladon, décorée en relief de feuillages stylisés.

Haut. 0 m. 38

51. — Une bouteille flammée gris-bleu, le col portant deux anses ajourées.

Haut. 0 m. 38

52. — Une bouteille de forme arrondie, à décor de fleurs et de papillons.

Haut. 0 m. 24

53. — Une paire de petites potiches décorées sur fond vert en émaux polychromes de branches fleuries.

Haut. 0 m. 22

54. — Un vase de forme quadrilatérale, le col portant deux anses tubulures, flammé ciel et rouge.

Haut 0 m. 33

55. — Garniture formée d'un brûle-parfums et de deux chandeliers, en porcelaine bleutée.

Haut. 0 m. 28

56. — Une bouteille turquoise.

Haut. 0 m. 31

57. — Un petit vase turquoise.

Haut. 0 m. 12

58. — Une bouteille céladon, gravée sous couverte de palmes et de motifs fleuris.

Haut. 0 m. 22

59. — Un pitong carré, décoré, sur fond rougeâtre, de quatre panneaux fleuris réservés.

Haut. 0 m. 15

60. — Un pot à gingembre, à décor polychrome de personnages.

Haut. 0 m. 18

61. — Ornement en forme de poisson, trois couleurs.

Long. 0 m. 16

62. — Deux petits groupes représentant les Ho-ho, portant des attributs et assis sur des rochers.

Haut. 0 m. 20

63. — Pitong cylindrique et ajouré de feuillages, en émaux polychromes.
Haut. 0 m. 12

64. — Pitong cylindrique, en bleu fouetté, décoré en camaieu de dragons.
Haut. 0 m. 15

65. — Pot couvert, décoré sur couverte chamois craquelé de personnages et d'animaux en émaux bleus.
Haut. 0 m. 24

66. — Pot à gingembre, décoré de personnages et d'enfants.
Haut. 0 m. 20

67. — Statuette de Kwannin, assise sur un rocher, en blanc de Chine.
Haut. 0 m. 25

68. — Trois petits vases conjugués, fond chamois craquelé.

69. — Pitong hexagonal, décoré sur fond vert de motifs fleuris polychromes.
Haut. 0 m. 12

70. — Deux petits vases, à décor fleuri.
Haut. 0 m. 13

71. — Une paire de gourdes plates, à émaux tigrés verts et jaunes.
Style de Kanghy — Haut. 0 m. 30

72. — Deux plaques encadrées, l'une à décor de fleurs, l'autre de personnages.

73. — Joli petit vase cornet, à décor de palmettes, bleu et blanc.
Haut. 0 m. 23

74. — Un vase en forme de bouteille, à couverte bleue.
Haut. 0 m. 35

75. — Une paire de jolies tasses couvertes, la paroi extérieure ajourée de personnages au milieu des nuages. Emaux polychromes.

76. — Deux petites tasses, couvertes corail, avec réserve en blanc de branches de bambous.

PORCELAINES DIVERSES

77. — Une paire de grands vases en porcelaine jaune or, décorés en relief et en émaux polychromes de branches fleuries où volent de nombreux oiseaux. Le col porte deux anses détachées et ajourées.
Epoque Taokuang — Haut. 0 m. 90

78. — Une paire de potiches couvertes, décorées de médaillons et de motifs fleuris en réserve sur l'émail or du fond.

Epoque Taokuang — Haut. 0 m. 33

79. — Une paire de petites potiches couvertes, décorées de médaillons chimériques et de rinceaux fleuris stylisés, en réserve sur un fond vert.

Epoque Taokuang — Haut. 0 m. 26

80. — Une paire de vases cornets de forme élancée, décorés en bleu sur blanc de fins rinceaux fleuris stylisés.

Haut. 0 m. 46

81. — Un joli vase à large panse, décoré en émaux polychromes de rinceaux fleuris, finement exécutés. Sur la panse, quatre médaillons ajourés de sujets divers.

Haut. 0 m. 42

82. — Uu grand vase couvert en porcelaine bleu et blanc, décor paysage.

Haut. 0 m 53

83. — Un vase cornet, de forme élancée, couverte turquoise.

Haut. 0 m. 34

84. — Une paire de vases, à panse ovoïde, décorés sur fond jaune de motifs fleuris.

Haut. 0 m. 41

85. — Un vase cornet, décoré sur fond jaune impérial de dragons au milieu des nuages.

Haut. 0 m. 41

86. — Un brûle-parfums tripode, à décor bleu et blanc de rinceaux fleuris et de symboles bouddhiques. Couvercle en bois à bouton de calcédoine.

Haut. 0 m. 30

87. — Statuette de Kwannin, debout, en blanc de Chine.

Haut. 0 m. 45

88. — Une bouteille sang de bœuf.

Haut. 0 m. 29

89. — Un vase à panse surélevée, couverte flammée bleu.

Haut. 0 m. 28

90. — Une chimère flammée.

Haut. 0 m. 30

91. — Une paire de grands vases en terre émaillée vert.

Haut. 0 m. 90

92. — Un vase turquoise.
Haut. 0 m. 24

93. — Statuette de prêtre assis, blanc de Chine.
Haut. 0 m. 30

94. — Une coupe creuse, turquoise.
Diam. 0 m. 23

95. — Statuette de Kan-wo à cheval. Blanc de Chine.
Haut. 0 m. 30

96. — Une bouteille flammée bleu.
Haut. 0 m. 30

97. — Un vase pitong ajouré, blanc de Chine.
Haut. 0 m. 12

98. — Une potiche bleu et blanc, décor de fleurs de pêchers.
Haut. 0 m. 28

99. — Une potiche couverte, style des Ming, à décor de personnages.
Haut. 0 m. 26

100. — Deux pièces, blanc de Chine.

101. — Petite coupe formée d'une pêche Fan-tao et d'une chauve-souris.

102. — Deux coupes céladon clair.

103. — Grand brûle-parfums tripode, terre vernissée et ajourée.
Diam. 0 m. 38

104. — Un lot de six petites pièces en porcelaines diverses.

105. — Un lot de vases, porcelaines variées.

PLATS, ASSIETTES ET BOLS

106. — Un plat, à décor de fleurs et d'oiseaux, en ancienne porcelaine de la Chine.

Famille verte. — Epoque Kanghy — Diam. 0 m. 35

107. — Un autre plat, décor similaire, en ancienne porcelaine de la Chine.

Famille verte — Diam. 0 m. 35

108. — Un plat décoré de nombreux personnages, au milieu des rochers, ancienne porcelaine de la Chine.

Famille verte — Diam. 0 m. 27

109. — Une assiette à décor fleuri, le marli ajouré, en ancienne porcelaine de la Chine.

Famille verte — Diam. 0 m. 20

110. — Deux assiettes, à décor de médaillons fleuris stylisés. Ancienne porcelaine de la Chine.

Famille verte — Diam. 0 m. 20

111. — Un plat creux, joliment décoré de motifs fleuris et d'attributs.

Signé : Ming Wanli — Diam. 0 m. 26

112. — Une assiette, le marli ajouré, décorée de vases et d'attributs. Ancienne porcelaine de la Chine.

Famille verte — Diam. 0 m. 20

113. — Quatre assiettes, à décor fleuri, en ancienne porcelaine de la Chine.

Famille rose — Diam. 0 m. 19

114. — Un grand plat turquoise.

Diam. 0 m. 44

115. — Un grand plat céladon, gravé sous couverte.

Diam. 0 m. 37

116. — Deux assiettes creuses, couverte vert concombre en ancienne porcelaine de la Chine.
Cachet Kienlong. Diam. 0 m. 26

117. — Six coupes, à décor de paysages.
Diam. 0 m. 13

118. — Un joli bol creux, à décor de poissons au milieu d'herbes aquatiques. Ancienne porcelaine de la Chine.
Epoque Younching Diam. 0 m. 19

119. — Quatre bols, à décor de poissons, en ancienne porcelaine de la Chine.
Famille verte. Diam. 0 m. 17

120. — Un bol, décoré des huit Immortels, Pa'hsien, en ancienne porcelaine de la Chine.
Famille rose Diam. 0 m. 18

121. — Deux bols, à couverte corail.
Diam. 0 m. 18

122. — Une grande coupe creuse, à décor fleuri.
Diam. 0 m. 29

123. — Une petite coupe, porte-pinceaux, couverte aubergine.

124. — Deux coupes creuses, décor fleuri.
Famille rose.

PIERRES DURES

JADES VERT FONCÉ

125. — Joli brûle-parfums en jade vert moucheté, les deux anses en forme de chauves-souris maintenant des anneaux mobiles pris dans la masse. Le couvercle porte, sculptés en frise, les huit symboles bouddhiques.

Diam. 0 m. 17

126. — Boîte ronde, décorée sur la panse et le couvercle de rinceaux fleuris et d'animaux chimériques. *Socle fixe* en jade vert foncé.

Diam. 0 m. 15

127. — Une paire de vases quadrilatéraux, les quatre arrêtes dentelées, les faces latérales à décor de grecques.

Haut. 0 m. 27

128. — Petit vase cornet aplati, le col s'évasant largement, coupé sur les deux grandes faces d'arrêtes saillantes, et décoré de grecques et de faces de taotieh.

Haut. 0 m. 17

129. — Petit vase de forme aplatie, le col portant deux anses volutes ajourées, la panse décorée de deux têtes de taotieh.

Haut. 0 m. 12

130. — Jolie burette à encens finement évidée, l'anse à décor de taotieh.

Diam. 0 m. 12

131. — Bonbonnière lenticulaire, le couvercle décoré du chrysanthème.

Diam. 0 m. 07

132. — Deux bracelets en jadéine.

JADES VERT ÉMERAUDE

133. — Petit pendentif représentant une fleur.

134. — Jolie pièce, imitant la forme d'un vase à sacrifice, l'anse portant un anneau mobile pris dans la masse; le couvercle est surmonté d'une salamandre. Sur une des faces du vase grimpe une gigantesque salamandre, sculptée en haut-relief dans une veine rouillée.

Haut. 0 m. 13

135. — Jolie garniture comprenant trois pièces minuscules, brûle-parfums, vase et boîte, réunis sur un même socle.

136. — Petite coupe en forme de feuille de lotus.

137. — Bonbonnière lenticulaire en jade blanc taché émeraude.

JADES BLANCS

138. — Satuette représentant le dieu de la Longévité, appuyé sur son sceptre joo-e, l'autre main tenant le chasse-mouches. Il est accompagné de l'ibis sacré.

Haut. 0 m. 16

139. — Petit groupe représentant trois fruits enfeuillagés.

140. — Bouteille plate, à panse sphérique, le col portant deux anses détachées, décorée sur les deux faces de médaillons stylisés.

Haut. 0 m. 13

141. — Bonbonnière lenticulaire, portant comme décor le caractère du Bonheur, entouré de chauves-souris.

Diam. 0 m. 06

142. — Petite pièce en forme de gourde enfeuillagée.

JADES VERDATRES

143. — Très belle coupe finement évidée, les deux anses formées de chauves-souris maintenant un anneau mobile pris dans la masse. Le médaillon central est finement sculpté de fruits et de fleurs.

Jolie pièce très pure. Diam. 0 m. 26

144. — Joli groupe représentant une fleur de nénuphar entourée de feuilles, l'une d'elles formant coupe.

Diam. 0 m. 16

145. — Vase de forme ballustre, les deux anses détachées supportant des anneaux mobiles. La panse est décorée d'une zone à taotieh.

Haut. 0 m. 16

146. — Coupe ovalisée, portant en haut-relief un décor de salamandre.

Diam. 0 m. 13

147. — Coupe creuse, portant deux anses à têtes de chimères, la vasque étant décorée de faces de taotieh.

Diam. 0 m. 15

148. — Bonbonnière lenticulaire, le couvercle portant un décor fleuri.

Diam. 0 m. 08

149. — Jolie coupe très finement sculptée, représentant un calice de fleur enfeuillagé.

Diam. 0 m. 13

150. — Boîte de forme cylindrique, à trois compartiments, le couvercle décoré de chimères entrelacées.

Haut. 0 m. 06

151. — Jolie coupe en forme de feuille de nénuphar, sur laquelle se tient un petit crabe.

Diam. 0 m. 12

152. — Coupe plate très finement amincie, représentant une large feuille aquatique.

Diam. 0 m. 16

153. — Statuette représentant Darma, accroupi, drapé dans son ample vêtement.

Haut. 0 m. 11

154. — Boîte de forme tubulaire.

Haut. 0 m. 06

155. — Coupe creuse, évasée, décorée intérieurement d'un médaillon d'animaux chimériques et de rinceaux fleuris.

Diam. 0 m. 12

156. — Petie boîte en forme de canard.

157. — Coupe creuse, décorée de rinceaux fleuris.

Diam. 0 m. 09

158. — Tasse et son plateau, tous deux sculptés en haut-relief de salamandres stylisées.

Diam. 0 m. 17

159. — Petit vase très finement évidé, à décor fleuri.

160. — Plaquette décorative, le fond sculpté et ajouré comme une dentelle, sur laquelle se détachent des caractères et des volutes de nuages.

Diam. 0 m. 16

161. — Plaque décorative en forme d'O, sculptée en relief de dragons chimériques.

Diam. 0 m. 14

162. — Coupe et son plateau, à décor clouté.

Diam. 0 m. 12

163. — Coupe de forme quadrilatérale évasée, à décor de grecques et de volutes.

164. — Crabe et nénuphar.

165. — Petite compte-gouttes en forme de théière.

JADES DIVERS

166. — Grand rocher en jade gris vert sculpté sur une face de philosophes dans la montagne plantée de pins, jouant au jeu de « go » et se promenant; l'autre face est décorée de pins dans la montagne.

Diam. 0 m. 35

167. — Grand vase couvert, à panse aplatie, décorée de grecques et de volutes.

Haut. 0 m. 23

168. — Petit vase, à panse aplatie, en jade jaunâtre, décoré sur la panse de grecques et de palmettes.

Haut. 0 m. 11

169. — Ornement en forme de disque, surmonté des pêches de longévité (Fan-tao).

Diam. 0 m. 12

170. — Vase cornet, de forme quadrilatériale, à décor de grecques et de rinceaux fleuris.

Haut. 0 m. 20

171. — Groupe représentant le dieu de la longévité accompagné d'un serviteur et de l'ibis sacré, arrêtés sous un pin.

Haut. 0 m. 15

172. — Brûle-parfums de forme quadrangulaire, à décor clouté, les petites faces portant deux anses en saillie et à têtes chimériques.
Diam. 0 m. 15

173. — Coupe creuse, flanquée de deux anses salamandres.
Diam. 0 m. 12

174. — Joli brûle-parfums en trois pièces, représentant une fleur de lotus aux graines saillantes.
Haut. 0 m. 17

175. — Statuette d'un des Pa-hsien, ou huit Immortels, accompagné d'un chien, et tenant à la main le fruit de l'arbre fabuleux Fan-tao.
Haut. 0 m. 43

176. — Petite statuette représentant Poutaï, assis, souriant, son rosaire à la main.
Haut. 0 m. 06

177. — Boîte en forme de chimère accroupie, sur le dos de laquelle est perché un oiseau. Les yeux sont rehaussés de verroterie.
Haut. 0 m. 10

JADES ROUILLÉS — JADES BRULÉS

178. — Très joli porte-bouquets représentant un phénix chimérique.
Haut. 0 m 12

179. — Eléphant au repos.
Diam. 0 m. 11

180. — Cheval harnaché, accroupi.
Diam. 0 m. 12

181. — Groupe représentant deux pêches Fan-tao joliment enfeuillagées.
Diam. 0 m. 14

182. — Groupe représentant une fleur aquatique.
Haut. 0 m. 05

183. — Vase à panse aplatie, le col portant deux anses tubulures, décoré de palmettes et de taotieh.
Haut. 0 m. 19

184. — Coupe de forme allongée, portée par trois petits pieds, l'anse surmontée d'une salamandre, et décorée de motifs stylisés.
Diam. 0 m. 13

185. — Trois tubes en jade.

186. — Satuette de Bouddha, accroupi sur le lotus.

Haut. 0 m. 14

187. — Petit brûle-parfums minuscule et deux ornements en forme d'ibis.

CRISTAUX ET AMÉTHYSTES

188. — Groupe important, formant double encrier, sculpté en forme de fruits enfeuillagés.

Améthyste — Diam. 0 m. 15

189. — Porte-bouquet en forme d'arbre et de champignons.

Même matière — Haut. 0 m. 11

190. — Boîte à pâte, en forme de crapaud.

Même matière — Diam. 0 m. 08

191. — Jolie pièce en forme de melon enfeuillagé.

Cristal de Roche — Diam. 0 m. 14

192. — Quatre cachets surmontés de chimères.

AMBRE

193. — Satuette du dieu de la longévité, accompagné de la biche sacrée, et tenant d'une main son sceptre Joo-e et le fruit Fan-tao.

Haut. 0 m. 20

DIVERS ET MARBRES

194. — Jolie coupe en agate opalisée, finement évidée.

195. — Autre coupe, représentant une feuille aquatique et un champignon (ling-tchy).

Même matière

196. — Boîte lenticulaire en agate jaspée.

197. — Groupe représentant deux chimères accolées.

Marbre

198. — Singe accroupi sur une sorte de tapis.

199. — Chimère accroupie, se mordillant la patte.

200. — Groupe représentant un ascète accroupi auprès d'un jeune garçon au milieu des rochers; sur un rocher, une poésie.

Marbre — Diam. 0 m. 24

201. — Grand vase en marbre, imitant le jade.

Haut. 0 m. 24

202. — Plaquette ex-voto, portant une inscription.

203. — Petit personnage portant un sac.

204. — Tigre accroupi.

205. — Jolie pagode en pierre dure, sculptée de nombreux personnages.

Haut. 0 m. 25

PIERRES DE LARD

206. — Joli groupe représentant une kwannon assise sur un rocher au milieu des arbres. Près d'elle, un jeune garçon en extase.

Haut. 0 m. 27

207. — Trois statuettes polychromes représentant trois des huit immortels, Pa'hsien, à califourchon sur des animaux fantastiques.

Haut. 0 m. 28

PIERRES SCULPTÉES

208. — Groupe en pierre sculptée, représentant une divinité assise sur le lotus, entourée de deux serviteurs dans l'attitude de la prière.
Epoque Tang — Haut. 0 m. 35

209. — Autre groupe représentant une divinité entourée de nombreux serviteurs dans des attitudes variées.
Haut. 0 m. 39

210. — Divinité accroupie, un sceptre à la main.
Epoque Tang — Haut. 0 m. 30

211. — Divinité sur un autel, entourée de deux serviteurs.
Haut. 0 m. 30

212. — Bloc quadrilatéral, sculpté sur les quatre faces, de scènes bouddhiques.
Haut. 0 m. 15

TABATIÈRES

212 *b* — Une jolie collection de tabatières en porcelaine, agates, jades, etc...
(sera divisée)

ÉMAUX CLOISONNÉS CHINOIS

213. — Grand vase cornet, la panse et le col coupés de quatre arrêtes dentelées. Sur le fond, en émaux bleu turquoise se détachent des fleurs stylisées en émaux bleus, blancs et jaunes. Sur le col, une zone de chevaux au-dessus des flots.

Epoque Ming — Haut. 0 m. 76

214. — Grand rond formé d'une zone ajourée de phénix au milieu des nuages entre deux zones de fleurettes cloisonnées.

Diam. 0 m. 38

215. — Vasque cloisonnée sur fond d'émaux turquoises de fleurettes stylisées polychromes. L'extérieur est décoré des huit symboles bouddhiques.

Epoque Kienlong — Diam. 0 m. 20

216. — Plat creux cloisonné, le marli droit, décoré à l'intérieur d'une scène de musique dans un palais.

Diam. 0 m. 36

217. — Sceptre cloisonné, décoré de trois plaquettes de jade blanc sculpté.

Long. 0 m. 40

218. — Garniture cloisonnée, comprenant le brûle-parfums, le vase cornet et la bonbonnière, décorée du signe du bonheur et de rinceaux fleuris.

Epoque Kienlong

219. — Petite bouteille à col allongé, décorée de fleurettes polychromes et deux bols évasés, même décor.

220. — Assiette plate à décor fleuri.

221. — Très joli vase cornet, de forme élancée, la panse et la partie inférieure rehaussées d'arrêtes, décoré sur fond turquoise de fleurettes polychromes.

Jolie pièce de l'Epoque Ming — Haut. 0 m. 43

222. — Deux bols décorés sur émail blanc de motifs fleuris polychromes.

Emaux de Canton — Diam. 0 m. 18

223. — Joli bol décoré sur fond jaune impérial d'un semis de fleurs polychromes, réservant trois médaillons à paysages.

Diam. 0 m. 15

224. — Petite coupe plate, de même décor.

225. — Lot de huit coupes plates et rondes, à décor de paysages.

226. — Lot de huit coupes plates et carrées, même décor.

227. — Deux bols couverts, à décor d'attributs.

228. — Quatre tasses, à décor fleuri blanc sur fond d'émail bleu.

IVOIRES CHINOIS

229. — Grande figure représentant le dieu de la longévité, s'appuyant d'une main sur son sceptre, l'autre tenant un chasse-mouche. Patine brune.
Epoque Ming — Haut. 0 m. 35

230. — Autre statuette représentant le même personnage. Patine claire.
Même époque — Haut. 0 m. 30

231. — Même personnage, le haut de la tête étant rapporté.
Même époque — Haut. 0 m. 26

232. — Trois autres statuettes du même personnage.
Même époque

233. — Jolie statuette de Ho-sin-ko, une des Immortelles, patine brune.
Même époque — Haut. 0 m. 26

234. — Statuette représentant Kanwo, l'empereur chinois. Patine brune.
Même époque — Haut. 0 m. 22

235. — Statuette d'un des huit Immortels. Patine claire.
Haut. 0 m. 20

236. — Deux petites statuettes de Kwannon.

237. — Boîte tubulaire gravée d'une scène à personnages, sous les pins.

238. — Deux plateaux en ivoire finement sculptés.

239. — Cinq pièces diverses, en ivoire.

240. — Un tube cylindrique en ivoire, gravé d'arbres et de rochers.
Haut. 0 m. 13

241. — Groupe en ivoire teinté, représentant une divinité enrubannée.
Haut. 0 m. 18

242. — Une corne de rhinocéros sculptée de personnages au bord des flots.
Diam. 0 m. 14

VERRES CHINOIS

243. — Une paire de bouteilles en verre jaune opaque.

Cachet Kienlong — Haut. 0 m. 28

244. — Un vase de forme quadrilatérale, en verre rose opaque; les quatre faces sculptées de paysages.

Cachet Kienlong — Haut. 0 m. 38

245. — Petit brûle-parfums, en verre jaune ambré.

Diam. 0 m. 11

246. — Bouteille à col allongé, en verre transparent vert émeraude.

Haut. 0 m. 19

247. — Petit brûle-parfums tripode, en verre jaune opaque.

Cachet Kienlong — Diam. 0 m. 10

248. — Vase en verre transparent rouge.

Haut. 0 m. 16

249. — Vase couvert, à panse arrondie et gravée, en verre opaque rose.

Haut. 0 m. 10

250. — Une paire de petites bouteilles octogonales, en verre transparent, l'une bleue, l'autre rouge.

Cachet Kienlong — Haut. 0 m. 16

251. — Dux bols évasés en verre transparent rayé.

Diam. 0 m. 08

252. — Une bouteille à panse sphérique, en verre rosé.

Diam. 0 m. 08

LAQUES ET BOIS SCULPTÉS

253. — Boîte quadrilatérale, à quatre compartiments, en laque rouge de Pékin, finement sculptée sur le couvercle d'une assemblée de sages et sur les parois de chimères stylisées entourant le caractère du bonheur. *Socle même matière.*

Haut. 0 m. 20

254. — Boîte à miroir en laque de Pékin, sculptée de saints personnages sous les arbres.

Diam. 0 m. 15

255. — Jolie boîte en forme de pêche, soutenue par un pied en forme de feuille. Laque rouge de Pékin.

Haut. 0 m. 14

256. — Boîte plate en laque rouge de Pékin, entièrement sculptée de fruits enfeuillagés.

Diam. 0 m. 08

257. — Autre boîte lenticulaire, même travail.

Diam. 0 m. 06

258. — Petite boîte en forme de fruit enfeuillagé, en laque rouge rehaussé de laque polychrome.

Diam. 0 m. 07

259. — Boîte plate et allongée à décor d'oiseaux et de fleurs.

Lomg. 0 m. 12

260. — Vase pitong en laque rouge à décor de personnages.

Haut. 0 m. 11

261. — Deux ornements en laque rouge sculpté en forme de symbole boud-dhique « Fu », représentant deux poissons unis, la félicité domestique.

262. — Socle de forme rectangulaire, en laque rouge.

Dim. 0 m. 20 × 0 m. 16

263. — Grande figure finement sculptée, en bois de racine, représentant la Kwannin debout, un panier fleuri à la main.

Haut. 0 m. 53

264. — Joli groupe en bois, d'une très belle patine, représentant trois des huit Immortels, accompagnés de jeunes enfants.

Haut. 0 m. 32

265. — Un vase pitong en bambou sculpté.

Haut. 0 m. 11

266. — Socle en bois laqué.

Haut. 0 m. 22

267. — Un lot important de boîtes en bois laqué ou incrusté de nacre.

268. — Un grand panneau décoré sur un fond laqué d'une pagode assise sur une terrasse fleurie. Incrustations de nacre et pierres diverses.

1 m. 50 × 1 m.

269. — Autre panneau similaire, décoré en lamelles de nacre, de saints personnages sous les saules.

1 m. 50 × 1 m.

270. — Autre panneau décoré en haut-relief de pierres diverses, de branches fleuries.

1 m. 35 × 0 m. 90

271. — Peinture chinoise encadrée, représentant des philosophes assis dans une maisonnette au milieu de hauts rochers.

271*b* — Un très beau paravent japonais moderne, comprenant deux panneaux en bois de fer, incrustés en ivoire d'un combat de coqs, d'une merveilleuse finesse d'exécution.

BRONZES ET MÉTAUX DIVERS

272. — Quatre figures en bronze, représentant quatre Immortels, tenant des attributs divers.

Haut. 0 m. 33

273. — Ornement représentant un cerf accroupi.

Diam. 0 m. 22

274. — Petit vase en forme d'urne, en bronze.

Style des Ming — Haut. 0 m. 14

275. — Petite théière en fer, la panse quadrilobée.

276. — Figure de Kwannin aux mille bras, accroupie sur le lotus sacré.

Bronze partiellement doré — Haut. 0 m. 35

276*b* — Un bassin en cuivre perforé.

Travail persan

ÉTOFFES

277. — Grande tenture brodée sur fond cerise, représentant l'Immortelle Si Wang Mou, portant un plateau fleuri, chargé de pêches de longévité. Elle est accompagnée de la biche sacrée.

Autour de ce panneau court une frise brodée des Pa'hsien au milieu des nuages.

A la partie supérieure, une fresque représentant Si Wang Mou, sous les traits d'une jolie princesse chinoise, assistée de deux servantes, l'une portant un éventail, l'autre les pêches de longévité, apparaissant aux autres Immortels groupés sur une terrasse fleurie.

Jolie pièce du XVIIIe 3 m. 20 × 2 m.

278. — Grande tenture brodée sur fond nil, représentant le dieu de la Longévité, accompagné de l'Immortel Leu Tung Pin et d'enfants. Au tour, une bande de fleurs brodées.

3 m. 40 × 2 m. 90

279. — Grand bandeau brodé sur fond ciel, représentant le disque du soleil surmontant l'arbre Fan-tao, pêcher de longévité, vers lequel se dirigent deux grues et deux biches. A la partie supérieure, un bandeau brodé de fleurs polychromes sur fond nil.

3 m. 60 × 1 m. 35

280. — Deux panneaux brodés sur drap bleu, de motifs fleuris polychromes.

1 m. 20 × 1 m. 10

281. — Un manteau brodé sur satin prune.

282. — Un autre manteau, similaire.

283. — Un autre manteau brodé, sur fond brique.

284. — Lots omis.

IMPRIMERIE KELLER & POIRIER
88, RUE ROCHECHOUART
PARIS

www.ingramcontent.com/pod-product-compliance
Ingram Content Group UK Ltd.
Pitfield, Milton Keynes, MK11 3LW, UK
UKHW022010260726
13994UKWH00004B/1996

9 782329 486697